AF197035

DAS BROT

Peter Daniell Porsche

Das Brot

Mit Illustrationen von
Hanna Zeckau

DINGE DES LEBENS

INHALT

Worte zuvor

Besonders, wenn sich bei einem selbst oder im weiteren Umfeld und draußen in der Welt einschneidende Erlebnisse, Gefahren, Enttäuschungen, aber auch schöne Dinge ereignen, gibt es Anlass dazu, sich über die kleinen und so selbstverständlich erscheinenden Dinge des Lebens in aller Ruhe Gedanken zu machen.

Meist sind es jene Dinge, die man im Alltag völlig außer Acht lässt, weil sie uns im Laufe der Zeit zu einer selbstverständlichen Gewohnheit geworden sind, weil sie uns alltäglich scheinen, weil sie uns durch ihr ständiges und damit unauffälliges Vorhandensein und ihre stete und zumeist ausreichende und füllige Verfügbarkeit nicht mehr wirklich als etwas Besonderes auffallen. Auffallen würden sie uns eben nur noch dann, wenn es sie nicht mehr gäbe, wenn wir durch den Verlust dann schlussendlich doch wieder damit konfrontiert würden, zu empfinden, wie wichtig die kleinen, gewohnten und auch ganz besonderen Dinge des Lebens sind.

In den vergangenen Jahren haben wir durch viele unseren Alltag verändernde Themen einen weltweiten und großen Wandel erleben müssen, haben wir an vielen Stellen Einschränkungen und Verluste erfahren müssen und an manchen Stellen vielleicht wieder ein wenig mehr Zeit dafür gehabt, darüber nachzudenken, welche Dinge des Lebens, auch unseres ganz persönlichen Lebens, eben gerade nicht selbstverständlich sind, auch wenn sie uns bislang so erschienen sind.

Was bedeutet es denn wirklich, das Gefühl von Freiheit empfinden zu dürfen, was bedeutet es denn, unter angenehmen Lebensbedingungen leben zu dürfen, und was geht in uns vor, wenn plötzlich die einfachsten Dinge des Lebens nicht mehr verfügbar sind? Was bedeutet es, wenn etwa die Regale in den Märkten leer werden und die großen und kleinen Lieferketten unserer Welt plötzlich aus den verschiedensten Gründen zusammenbrechen?!

Man lernt vielleicht und hoffentlich, wieder einmal über das Wesentliche im Leben nachzudenken und über das, was man wirklich braucht, um zu leben und um glücklich zu sein. In Freiheit zu leben und glücklich zu sein, zählt für mich zu den wichtigsten Dingen und ist für mich sehr eng und unzertrennlich miteinander verbunden.

Mit diesem Buch will ich versuchen, den Blick wieder für das scheinbar Unwesentliche zu schärfen, will ich Anstoß geben, in aller Ruhe wieder einmal Zeit zu finden, darüber nachzudenken, was denn für jeden von uns ganz persönlich die wichtigsten Dinge des Lebens sind.

Auf dieser Reise und mit diesem Buch wünsche ich Ihnen nun von Herzen alles Gute und viel Freude. Brot ist ein sehr, sehr wichtiges Ding unseres Lebens. Brot war, ist und wird wohl immer eines der bedeutendsten Grundnahrungsmittel auf dieser Welt bleiben!

Walldorf, am 4. Juli 2022

◉

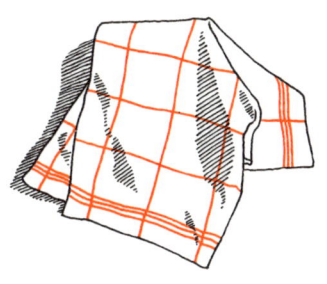

Die Kunst des Brotbackens
im Wandel der Zeit

Wenn wir in die Vergangenheit der Menschheit und ihrer Entwicklung in den verschiedenen Kulturepochen blicken, so können wir auf vielen Ebenen und an den unterschiedlichsten Orten der Erde unsere wahren Ursprünge und jene des Brotes erkennen. Aus mündlichen Überlieferungen, aus schriftlichen Dokumentationen und aus tiefgreifenden Forschungen der neueren Zeit.

In der Geschichte des Brotes blicken wir zurück bis nach Altindien und ins alte Persien, wo die Menschen im Laufe vieler Jahrhunderte Gräser zu Korn veredelt – und wilde Tiere zu Haustieren gezogen und dann veredelnd zu Nutztieren gezüchtet haben.

Bei diesen Unternehmungen ging es den Menschen immer darum, durch die Verbesserung der Nahrungsmittel und deren Verfügbarkeit eine sicherere und leichtere Lebensgrundlage zu schaffen. Die vielschichtigen religiösen Aspekte dürfen allerdings ebenfalls nicht außer Acht gelassen werden.

Korn ist jedoch noch kein Brot, und während man das Korn in alten Zeiten mit Steinen noch händisch aufbrach und vermahlte, um daraus zusammen mit Wasser, später auch mit

Wes Brot ich ess, des Lied ich sing.

◉

Salz und Gewürzen, einen Brei zuzubereiten, den man dann auf heißen Steinen zu einer Art Fladen verarbeitete und buk, geschah es den Überlieferungen zufolge im alten Ägypten, dass hier aus Versehen ein so zubereiteter Mehlbrei zu lange in der Sonne und damit in der Wärme stand, noch bevor er gebacken wurde. Er begann plötzlich kleine Luftbläschen zu schlagen und ging etwas auf. Es hatten sich nämlich jene für das Brot und die Menschen brauchbaren Milch- und Essigsäurebakterien gebildet und die Oberhand über die Bakterien der Fäulnis und des Verderbens bekommen.

Das passiert nicht immer und es war – wenn man so will – ein Geschenk aus der Götterwelt, welches den Menschen zeigte, wie man den Mehlbrei lockerer zubereiten konnte, wie man einen größeren und voluminöseren Teig erhalten konnte, bevor man ihn dann zu wohlschmeckendem und noch bekömmlicherem Brot verbäckt!

Dieser erste Sauerteig hat sich – in vielen neuen Variationen – als altes Geheimnis und Geschenk bis in die heutige Zeit erhalten und findet noch immer und immer mehr Zuspruch vor allem bei den traditionellen, bewussten und nachhaltigen Bäckerinnen und Bäckern, bei Hobbybäckerinnen und Hobbybäckern. So auch bei mir, und deswegen werde ich in diesem Buch auch mein selbstentwickeltes Sauerteig-Brotrezept vorstellen.

Auf dieser Welt gibt es so viele Länder und Menschen, so viele Bräuche und Lebensmittel, so viele Gewürze und Möglichkeiten der Zubereitung, und wenn schon jedes Brot ein Unikat ist, so können wir an dieser Stelle wohl nur erahnen, welcher Vielfalt wir hier begegnen können und wie spannend es ist, in anderen Ländern Brot zu essen und auf seine Konsistenz, seinen Geschmack und seine Nachwirkungen in unserem Körper zu achten.

Es wäre daher mehr als vermessen, jetzt und hier auch nur annähernd einen Gesamtüberblick über alle Brote der Welt geben zu wollen, dennoch möchte ich einige Charakteristika der verschiedenen Brotsorten ansprechen.

Allen fertigen Broten gemein ist der Aufbau. Man spricht von Rinde (Kruste), Ausbund – das sind die gewollten und geschnittenen Muster oder die willkürlichen Risse, die beim Gehen während des Backens entstehen – und von Poren, welche sich unter Verwendung eines Triebmittels (Hefe / Sauerteig) auf natürliche Weise stärker oder schwächer ergeben.

Wir unterscheiden Brote als Grundnahrungsmittel von solchen, die als Genussmittel bezeichnet werden können. Wir unterscheiden Brote mit verschiedenen Getreidesorten von Broten gleichen Kornes und wir trennen deutlich salzige von süßen Broten.

Die Kruste, die würzig und charakteristisch aromatisch schmeckende Rinde eines Brotes, entsteht durch die sogenannte Maillard-Reaktion (benannt nach dem französischen Naturwissenschaftler Louis Camille Maillard). Sie ist eine Bräunungsreaktion, bei der Aminoverbindungen mit reduzierenden Verbindungen unter Hitzeeinwirkung zu neuen Verbindungen umgewandelt werden. Das geschieht eben auch beim Backen von Brot.

Allen Broten ist noch etwas gemein. Erde, Wasser, Luft und Feuer sind die vier uns bekannten Hauptelemente, aus denen sich alles Physische auf unserer Erde zusammensetzt. Auch das Brot beinhaltet diese vier Elemente – ganz so, als würde es die Grundlagen unseres Lebens in sich tragen, um uns Menschen in diesen vier Bereichen zu stärken.

Das Korn des Brotes, welches zu Mehl vermahlen die Grundlage des Teiges bildet, sei hier zusammen mit dem Salz, den

Kernen und den Gewürzen das Element *Erde.* Das hinzugefügte Wasser und das Aroma der Gewürze und des Salzes seien das Element *Wasser.* Das sich aus dem Sauerteig herausbildende Gas (Kohlendioxid) sei die *Luft,* und die Wärme, welche wir für das Backen des Brotes benötigen, sei das Element *Feuer.*

So bildet das Brot in wunderbarer Weise einen Zusammenklang dieser vier Elemente.

◉

Brot und Salz führen Freunde zusammen.

◉

Experimentieren erlaubt:
Salz und andere Gewürze

E s gibt auf unserer Erde eine Fülle von Substanzen, welche als »Salz« bezeichnet werden. Das für die Küche und den menschlichen Verzehr gedachte Salz (NaCl, Natriumchlorid) ist jedoch entweder Steinsalz oder Meersalz. Ursprünglich ist Salz in Wasser gebunden und befindet sich in großen Mengen in unseren Weltmeeren.

Das Steinsalz hat sich im Laufe von Jahrmillionen am Grund austrocknender Meere gebildet und wurde dann – meist durch Überlagerung – im Gestein eingeschlossen. Dabei konnte es unter hohem Druck und über lange Zeit bis zu seinem Abbau Substanzen aus dem Gestein in sich aufnehmen. Daher stammen auch die unterschiedlichen Farben der Salzsteine, von Rosa bis Dunkelbraun.

Für den Menschen ist Salz lebensnotwendig. Salz reguliert etwa den Wasser- und Elektrolythaushalt des Körpers, ist wichtig für die Verdauung und die Funktionsfähigkeit unserer Muskeln. Salz kann aber in größeren Mengen (0,5 – 1 Gramm je Kilogramm Körpergewicht) auch tödlich sein. Salz ist somit zugleich lebensnotwendig und bei zu hoher Dosierung tödlich. Wir kennen es in verschiedenen Erscheinungsformen: als Steine, Kristalle, Blüten oder einfach als gemahlene Körner.

13

Wirf Brot und Salz hinter dich:
du wirst sie vor dir finden.

◉

Ohne Salz würde das Essen und auch das Brot nicht schmecken, aber *hier gilt stets die Faustregel: 20 Gramm Salz je Kilogramm Mehl!* Weniger Salz lässt das Brot langweilig und nichtssagend erscheinen und mehr Salz macht es relativ rasch ungenießbar, zumal wir ja manchmal auch Brot mit Marmelade oder Honig essen wollen.

Es gibt Salze, denen Jod oder andere Substanzen hinzugefügt werden, etwa damit das Salz gesünder ist oder besser aus dem Salzstreuer rieselt und durch Feuchtigkeit nicht verklebt.

Ich bevorzuge generell unbehandeltes Meersalz und unbehandelte Steinsalze.

Leider sind unsere Meere heute nicht mehr so sauber, wie sie es wohl früher waren, und so sind die meisten Meersalze, auch unbehandelte, mit Mikroplastik belastet. Im Steinsalz hat man ebenfalls Spuren von Mikroplastik gefunden. Diese dürften allerdings von der Verarbeitung und anschließenden Verpackung herrühren.

Derlei Begleiterscheinungen gehören zu unserer heutigen Zeit und zu unserem Leben. Wir werden lernen müssen, damit umzugehen und für die Zukunft Wege zu finden, damit nicht noch mehr Belastungen geschaffen werden.

Wenn Salz kristallisiert, entstehen aus Natrium und Chlorid würfelförmige Körper. Das ist bemerkenswert, zumal die geometrische Form des Würfels das Symbol für Festigkeit und Beständigkeit ist.

Salz ist eine wichtige Grundlage für das Leben, und Salz nimmt sich, in rechter Menge angewandt, stets zurück, um den Geschmack der gesalzenen Substanzen hervorzuheben. Mit Salz kann man aber auch konservieren, womit wir wieder die tödliche Seite des Salzes beschreiten. Durch das Salz wird Wasser in den Lebensmitteln gebunden, aber auch das Wachstum

Eigen Brot nährt am besten.

◉

der Mikroorganismen, die im Laufe der Zeit zu Fäulnis und Verwesung führen würden, gehemmt und verlangsamt.

So bindet Salz auch in unserem Brot die Feuchtigkeit, denn Salz möchte immer in Flüssigkeit, in Wasser, aufgelöst sein, so fühlt es sich wohler.

Eine letzte Eigenschaft von Salz sei hier noch erwähnt, da sie auch in unserem Körper eine große Rolle spielt: Salz macht Flüssigkeiten elektrisch leitfähig!

Es gibt eine Vielzahl von Gewürzen, welche man dem Brot beimengen kann. Die bekanntesten sind Kümmel, Anis, Fenchelsamen und Koriander. Kümmel und Koriander wirken appetitanregend und verdauungsfördernd, Anis wirkt besonders anregend auf den Magen-Darm-Trakt und Fenchel beruhigend.

Egal ob Pfeffer, Muskat, Curcuma oder Oregano – beim Würzen des Brotes kann man experimentieren. Ob man die Gewürze nun als Samen oder vermahlen verwendet, ist Geschmackssache. Gewürze lassen das Brot duften und den Gaumen erklingen. Sie tragen die Kräfte der Pflanzen sowie das Licht und die Wärme der sie reifen lassenden Sonne in das Brot hinein und somit auch in unseren Körper und unsere Seele.

Was gibt es Schöneres, als den Duft frisch gebackenen Brotes einzuatmen, der den Raum der Backstube während des Backens erfüllt hat?!

Wir finden auf unserer Erde auch eine Vielzahl von Kernen, Samen und Nüssen, die wir in unserem Brotteig verarbeiten können. Sie dienen unter anderem dem Feuchtigkeitserhalt, dem Geschmack, der besseren Verdaulichkeit, dem Geruch, der Konsistenz und damit nicht zuletzt auch unserer Gesundheit.

Hierzu zählen etwa Mandeln, Haselnüsse, Walnüsse, Sonnenblumenkerne, Kürbiskerne, Leinsamen, Sesam, Mohn, Chiasamen, Quinoa, Flohsamenschalen oder Haferflocken.

Das Brot

Er saß beim Frühstück äußerst grämlich,
Da sprach ein Krümchen Brot vernehmlich:
»Aha, so ist es mit dem Orden
Für diesmal wieder nichts geworden.
Ja, Freund, wer seinen Blick erweitert
Und schaut nach hinten und nach vorn,
Der preist den Kummer, denn er läutert.
Ich selber war ein Weizenkorn.
Mit vielen, die mir anverwandt,
Lag ich im rauhen Ackerland.
Bedrückt von einem Erdenkloß,
Macht' ich mich mutig strebend los.
Gleich kam ein alter Has gehupft
Und hat mich an der Nas gezupft.
Und als es Winter ward, verfror,
Was peinlich ist, mein linkes Ohr.
Und als ich reif mit meiner Sippe,
O weh, da hat mit seiner Hippe
Der Hans uns rutschweg abgesäbelt
Und zum Ersticken festgeknebelt
Und auf die Tenne fortgeschafft,
Wo ihrer vier mit voller Kraft
In regelrechtem Flegeltakte

Ich verwende mit Vorliebe Sonnenblumenkerne. Sie verleihen dem Brot ein nussiges Aroma, machen den Biss kerniger und halten neben dem Salz auf ihre Art besonders gut die Feuchtigkeit im Laib.

Uns klopften, daß die Schwarte knackte.

Ein Esel trug uns nach der Mühle.

Ich sage dir, das sind Gefühle,

Wenn man, zerrieben und gedrillt

Zum allerfeinsten Staubgebild,

Sich kaum besinnt und fast vergißt,

Ob Sonntag oder Montag ist.

Und schließlich schob der Bäckermeister,

Nachdem wir erst als zäher Kleister

In seinem Troge baß gehudelt,

Vermengt, geknetet und vernudelt,

Uns in des Ofens höchste Glut.

Jetzt sind wir Brot. Ist das nicht gut?

Frischauf, du hast genug, mein Lieber,

Greif zu und schneide nicht zu knapp,

Und streiche tüchtig Butter drüber,

Und gib den andern auch was ab!«

Wilhelm Busch

◉

Nahrung, die wirklich nährt

E s gibt eine große Vielzahl von Getreidesorten, welche sich
die Menschheit im Zuge ihrer Entwicklung und im Laufe
der Kulturepochen zunutze gemacht hat. Manche davon sind
uns sehr gut bekannt und geläufig, von manchen hat man vielleicht noch nie gehört. So fand man in den alten Pyramiden
Ägyptens eine auch heute noch keimfähige Weizenart in Form
einer Ähre mit sieben »Ästen« – den Pyramidenweizen.

Manche Getreidearten hat man dann gentechnisch verändert und manche werden für ihre weitere Verarbeitung (etwa
zu Brot) derart reduziert, dass sich daraus Krankheiten und
Unverträglichkeiten ergeben haben.

Aus diesem Grund ist es mir besonders wichtig, vorwiegend
das volle und frisch vermahlene Korn zu verarbeiten, beinhaltet
doch die »Schale« der Körner für unseren Körper lebensnot-
wendige Bestandteile.

Das führt mich zu einem größeren Thema, das mir wichtig
ist: Die meisten Nahrungsmittel werden vor ihrem Verzehr be-
handelt. Sie werden gewaschen, geschält und/oder geschnitten,
sie werden gemahlen, gewürzt und sie werden gekocht oder
gebacken. Mit natürlicher Nahrung meine ich aber den Boden,

Fehlt das Brot im Haus, zieht der Friede aus.

◉

das Umfeld, die Arbeitsweise mit der Hand und dadurch mit Lebensfreude, dem Herz und dem Verstand des Gärtners, den eben gerade nicht gentechnisch veränderten Samen, das nicht durch konventionelle Düngung forcierte Wachstum, die Ernte und eine nicht industrielle Weiterverarbeitung.

Natürliche Nahrung soll Nahrung sein, die uns wirklich ernährt, soll Nahrung sein, die uns stärkt und uns guttut.

Haben wir dauerhaft keimfähiges Saatgut, das nicht gentechnisch verändert ist? Haben wir einen Boden, der nicht mit chemischen Düngern bewirtschaftet wird oder auch mit natürlichen Düngern bereits vielfach überdüngt ist? Haben wir einen Regen, der nicht übermäßig mit Schadstoffen belastet ist? Ist das so, dann können wir uns schon wirklich sehr glücklich schätzen.

Wenn wir unsere Zutaten darüber hinaus noch von einem Bio-Bauern beziehen oder sie sogar – soweit möglich – in Demeter-Qualität erhalten, machen wir für uns, für die Landwirtschaft, für die Natur, für unseren Körper und für unsere Zukunft etwas Gutes.

Das Wesentliche beim Anbau von Demeter-Produkten gegenüber Bio-Produkten ist die Einbeziehung des Kosmos und seiner Wirksamkeiten in das Wachstum der Pflanzen und in den Aufbau des Bodens, ja in die Kräfte, die sich auch im Umfeld eines derartigen Bodens bilden.

Dabei wird auch der »Dünger« nach besonderen Prozessen zubereitet und in homöopathischer Menge auf das Feld ausgebracht. Der Boden wird wieder durch eigene Kraft lebendig und nicht überdüngt. Er wird tiefer in den Grund hinein wieder lockerer und fruchtbarer, hält das Wasser besser in sich und verbessert sich im Laufe der Jahre, was sich auch positiv auf das gesamte Umfeld einer solchen Landwirtschaft auswirkt, also auf die Pflanzen, die Tiere, die Luft und den Menschen.

Freiheit und Schwarzbrot gehen über alles.

◉

Bei biodynamischer Landwirtschaft wird auch darauf Rücksicht genommen, welche Fruchtfolge von Jahr zu Jahr sinnvoll ist, um notwendige Abwechslung zu schaffen und Monokultur zu vermeiden. Man achtet auch darauf, welcher Bereich einer Pflanze besonderes Augenmerk bekommen soll, je nachdem, welchen Teil wir davon später nutzen wollen: die Wurzel, den Stiel, das Blatt oder die Frucht und die Blüte.

In vielen Versuchen hat man auch deutlich zeigen können, wie die Demeter-Landwirtschaft der »Heilung« unserer Erde und unseres Bodens segensreich dient. Genau das kann man, wenn man sich darauf einlässt und seine Sinne dafür geschärft hat, bei diesen Produkten wahrlich schmecken!

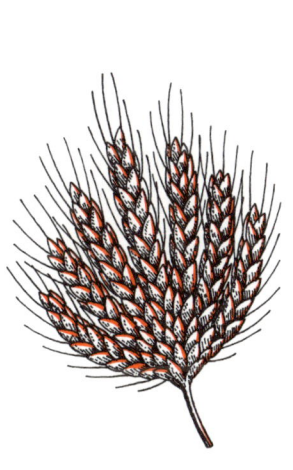

Das Butterbrotpapier

Ein Butterbrotpapier im Wald, –
da es beschneit wird, fühlt sich kalt …

In seiner Angst, wiewohl es nie
an Denken vorher irgendwie

gedacht, natürlich, als ein Ding
aus Lumpen usw., fing,

aus Angst, so sagte ich, fing an
zu denken, fing, hob an, begann,

zu denken, denkt euch, was das heißt,
bekam (aus Angst, so sagt' ich) – Geist,

und zwar, versteht sich, nicht bloß so
vom Himmel droben irgendwo,

vielmehr infolge einer ganz
exakt entstandnen Hirnsubstanz –

die aus Holz, Eiweiß, Mehl und Schmer,
(durch Angst), mit Überspringung der

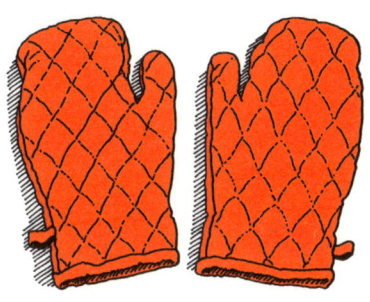

Gut Ding will Weile haben

In der heutigen Backindustrie versucht man die Reifungsprozesse der Zutaten und des Teiges massiv zu beschleunigen und diese für den Bäcker auch zu vereinfachen. Dies geschieht nicht zuletzt aus Kostengründen. Wer hat – oder nimmt sich – heute schon die Zeit, einen ganzen Tag an einem Laib Brot zu arbeiten, und dennoch ist es die Zeit – und hier vor allem die Reifezeit des Teiges und nicht die Arbeitszeit! –, die dem Brot seine besondere und nachhaltige Note gibt und es nicht bereits am nächsten Tag fahl und trocken schmecken lässt.

Neben Mehl, Wasser, Salz, Kernen, Gewürzen und eben Sauerteigbakterien hat, zumindest in meinem Brot, nichts anderes etwas darin zu suchen, außer natürlich – und das ist etwas ganz Wesentliches – *die Liebe am Tun!*

Welche Fertigteigmischungen, Triebmittel und Gärmittel, Beschleuniger und Bindehilfen, Haltbarmacher und Geschmacksverstärker gibt es nicht alle, nur um in weniger Zeit ein Brot backen zu können, das nicht mehr ernährt, sondern uns nur noch füllt, wodurch dank der Einsparung von Zeit, Energie beim Backvorgang und eventuell an benötigten Materialien lediglich mehr Gewinn erzielt wird.

sonst üblichen Weltalter, an
ihm Boden und Gefäß gewann –

[(mit Überspringung) in und an
ihm Boden und Gefäß gewann].

Mit Hilfe dieser Hilfe nun
entschloß sich das Papier zum Tun, –

zum Leben, zum – gleichviel, es fing
zu gehn an – wie ein Schmetterling …

zu kriechen erst, zu fliegen drauf,
bis übers Unterholz hinauf,

dann über die Chaussee und quer
und kreuz und links und hin und her –

wie eben solch ein Tier zur Welt
(je nach dem Wind) (und sonst) sich stellt.

Doch, Freunde! werdet bleich gleich mir! –:
Ein Vogel, dick und ganz voll Gier,

erblickt's (wir sind im Januar …) –

Ist es das, was wir wirklich wollen? Wenn wir allerdings unser tägliches Brot selber backen, dann benötigen wir nicht mehr als 30 Minuten tatsächliche Arbeitszeit für einen Laib Brot, der dann gut eine Woche frisch bleibt und hält. Allerdings nur dann, wenn er nicht schon bereits zuvor aufgegessen worden ist.

Was ein gutes Brot wirklich ausmacht, das ist eben die Zeit des Reifens, welche man dem Teig geben muss, wenn man seine volle Entfaltung erreichen will. Das sind etwa 12 Stunden bis zum Backen und wiederum etwa 12 Stunden zum Abkühlen und Nachreifen.

und schickt sich an, mit Haut und Haar –

und schickt sich an, mit Haar und Haut –
(wer mag da endigen!) (mir graut) –

(Bedenkt, was alles nötig war!) –
und schickt sich an, mit Haut und Haar –

Ein Butterbrotpapier im Wald
gewinnt – aus Angst – Naturgestalt …

Genug!! Der wilde Specht verschluckt
das unersetzliche Produkt …

Christian Morgenstern

◉

Brotbacken als meditative Auszeit

In unserer Zeit drängt ein Ding nach dem anderen, jagt ein Termin oft den nächsten, finden wir in den Regalen der Geschäfte bereits kurz nach Weihnachten die Ostereier und kurz nach Michaeli schon die Nikoläuse aus Schokolade. Jeder muss immer und überall erreichbar sein, denn er könnte ja zu spät kommen oder gar etwas versäumen. So spricht man in diesem Zusammenhang oft von Nervosität, Burnout oder anderen stressbedingten Folgeerkrankungen. Dazu gesellen sich Symptome wie etwa Schlaflosigkeit, Ungeduld und Aggressivität.

Wir alle wissen das, und wir alle sind doch davor nicht gefeit und es fällt uns oftmals so schwer, uns von diesem Strom des Immer-noch-schneller-Werdens loszulösen und zu uns selber, zu unserer eigenen Mitte, zu finden.

Wir nehmen uns Urlaub, versuchen zu entspannen, aber sind wiederum immer erreichbar – und es oftmals gar nicht mehr gewohnt, gar nichts zu tun. Das ist sicherlich auch eine Frage der persönlichen Einstellung und der jeweiligen Lebensaufgaben.

Wir nehmen an Seminaren und Sitzungen teil, welche uns zu uns selber führen sollen, machen exzessiv Sport, um mal wieder runterzukommen, und laufen den einfachen Dingen der Natur, die uns alltäglich helfen wollend und uneigennützig zur Verfügung stehen, davon.

Lass dir Zeit und iss Brot dazu.

◉

Persönlich bin ich sehr darum bemüht, mich an den kleinen Dingen des Lebens zu erfreuen, etwa eine schöne Landschaft in meine Seele aufzunehmen, einen Sonnenuntergang zu genießen, meinen Blick nach oben zu richten und nachts den Sternen zu folgen, anstatt immer nur nach unten auf das Display meines Handys zu blicken.

Ich spiele Querflöte, widme mich der klassischen Musik, schreibe Gedichte, fahre Heißluftballon, um mich zumindest zeitweise über den Alltag der Dinge zu erheben und alles womöglich auch Bedrückende dort unten auf der Erde zurückzulassen, ich mache zeitweise stressfreie Fahrradtouren über mehrere Tage und ich backe Brot.

Schon oft genug haben die Aufgaben des Lebens mich nicht nur an meine physischen, sondern auch an meine seelischen Grenzen gebracht, aber ich konnte in diesen Fällen schlussendlich doch immer bei mir selbst bleiben.

In diesen Zeiten habe ich angefangen, Brot zu backen und nach etwas zu suchen, das ich als Ausgleich brauche, das ich jede Woche wiederholen kann und das mir seelische Freude, Frieden, Glück und innere Ruhe bringt.

Ich begann, mit Hefeteig zu experimentieren, machte unzählige Versuche mit Sauerteig und pendelte mich dann bei meinem eigenen Rezept ein, das ich in den letzten Jahren zu dem entwickelt habe, was es heute ist. Ein ganz normales, unspektakuläres, funktionierendes und einfaches Rezept für ein Brot aus reinem Sauerteig – und doch ist es für mich etwas ganz Besonderes geworden, etwas Heilsames!

Mit dem Brotbacken komme ich für mich zur Ruhe, kann Pausen der Besinnung erleben, aber dann auch wieder Phasen des ruhigen Schaffens einlegen, und nach dem Brotbacken erfüllt den Raum ein wunderbar friedlicher und wohltuender Duft.

Brotbacken mit seinen Pausen, dem zeitweise schnellen Schaffen, dem Zuwarten und dem Zum-rechten-Moment-Eingreifen, dem Kneten und dem abschließenden Genießen, wurde für mich zur Meditation, und diese Meditation wurde für mich der Weg zum Finden innerer Ruhe!

◉

Stille

Jedes Brot ein Unikat

Jedes Brot – auch wenn man sich im Zubereitungsvorgang noch so sehr bemüht, ihn immer und immer wieder gleich zu halten, und genau nach dem vorgegebenen Rezept verfährt – wird zu einem Unikat werden. Niemals davor und niemals danach hat es *dieses eine Brot* gegeben und wird es *dieses eine Brot* geben. Dennoch werden sich alle Brotlaibe ähneln und man wird wohl erkennen, dass sie aus einer Hand stammen und nach demselben Rezept bereitet wurden.

Ich vergleiche es stets gerne mit einer persönlichen Unterschrift. Selbst wenn sie *gleich* ist, ist sie *niemals dieselbe!* Der Stift ist anders, das Papier ist anders, der Grund, weswegen ich unterzeichne, ist ein anderer, meine Verfassung und innere Stimmung sind unterschiedlich und auch die Temperatur im Raum ist einmal wärmer und einmal kälter und dies bedingt eine weichere oder starrere Hand- und Stiftführung …

Beim Brot ist es ähnlich: Welches Korn habe ich, wo ist es gewachsen, seit wann ist es schon geerntet, wie wurde es gemahlen, welches Wasser gebe ich hinzu und welchen Sauerteig verwende ich, wie lange ist dieser schon an welchem Ort gestanden? Ist er müde oder frisch, ist er kalt oder warm?! Wie fein ist das gekaufte Mehl gemahlen oder wie fein habe ich es selbst

Teig allein ist noch kein Brot.

◉

gemahlen, welchen Feuchtigkeitsgrad hat es beim Mahlen gehabt und wie schnell mahlt meine Mühle? Wird das Mehl beim Mahlen sehr warm oder bleibt es dabei eher kalt?!

Wie warm ist das Wasser, welches ich hinzufüge, und wie warm ist der Raum, in dem ich die Zubereitung vollziehe; welche Schüssel verwende ich und wie gut leitet sie die Wärme ab oder hält sie; ist die Luft in meiner Backstube feucht oder trocken, zieht es oder ist es zugfrei?!

In welcher Verfassung bin ich selber und in welcher Stimmung backe ich mein Brot? Für wen und für welchen Anlass backe ich es? Fühle ich mich dabei schon sicher oder zweifle ich noch an den ausschlaggebenden Momenten meiner Handlung?

Verwende ich ein Gärkörbchen mit Stoffeinlage oder nehme ich eines aus reinem Peddigrohr?

Welchen Backofen verwende ich und wird er mit Strom, mit Gas oder mit Holzfeuer beheizt? Erzeugt mein Ofen eine gleichmäßige Temperatur und kann er sie halten, oder fällt die Temperatur im Laufe des Backens langsam ab?

An dieser Stelle könnte man noch so viele Faktoren hinzufügen, welche das Entstehen des Brotes beeinflussen – es sei damit nur gezeigt, welch beeinflussbarer, fragiler und dennoch einfacher Prozess das Backen eines Brotes ist.

◉

Die Zutaten für 1 Laib Brot

- Freude und Liebe am Tun!

- 24 Stunden Zeit (davon je nach Übung etwa 30 Minuten tatsächliche Arbeit)

- 12 gut gehäufte Esslöffel Roggenmehl 1150 (das sind 400 Gramm)

- 750 ml gut handwarmes Wasser

- 4 Esslöffel Natursauerteig (☞ S. 57)

- 12 gut gehäufte Esslöffel Dinkelvollkornmehl, nach Möglichkeit selbst und fein gemahlen (das sind 400 Gramm)

- 1 gehäufter Esslöffel Salz (ich bevorzuge Meersalz)

- 1 – 2 gut gehäufte Esslöffel gemahlener Koriander (nach Belieben)

- 3 Esslöffel Sonnenblumenkerne

- Falls altes Brot (kein Hefebrot) vorhanden ist, 2 gut gehäufte Esslöffel Restbrotbrösel. Um diese zu erzeugen, trocknen Sie alte Brotscheiben und Krumen und mixen diese fein. Wenn kein altes Brot zur Verfügung steht, nehmen Sie stattdessen 2 gut gehäufte Esslöffel Dinkel-mehl 1050.

- Etwa 7–12 gut gehäufte Esslöffel Dinkelmehl 1050 zum späteren Kneten und Bemehlen

Benötigte Materialien

- Ein zugfreier Arbeits- und Ruheraum mit 22–24 °C

- Ein Backrohr mit der Möglichkeit, es auf mindestens 250 °C zu heizen

- Ein Messbecher für das Wasser

- Ein Glas mit Deckel (350–500 ml, möglichst gerade und mit weiter Öffnung) für den nächsten Sauerteigansatz

- Einen runden Römertopf mit Deckel in der Größe des Brotlaibes (etwa 30 cm Durchmesser)

- Ein Backblech

- Eine Rasierklinge

- Eine Teigschüssel mit Liter-Skala

- Ein Geschirrtuch

- Eine Teigkarte zum Arbeiten

- Eine saubere Arbeitsfläche (etwa ein Buchenbrett) zum Kneten

- Ein Gärkörbchen mit 25 cm Durchmesser und Stoffeinlage

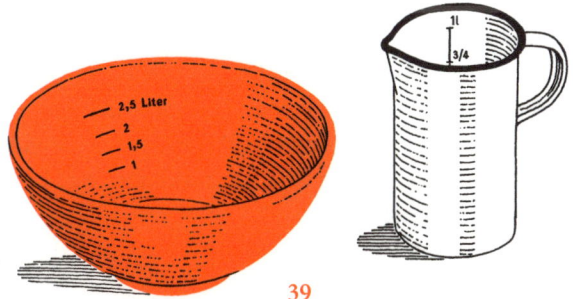

Die Zubereitung

⊙ Backbeginn ist idealerweise zwischen 7 und 9 Uhr morgens!

⊙ Als Erstes gibt man die 12 Löffel Roggenmehl in die Schüssel
mit Liter-Skala und fügt das gesamte Wasser hinzu. Mit einem
Löffel verrührt man das Gemenge zügig (☞ Abb. 1) zu einem
glatten Brei, damit sich keine Klumpen bilden. Diesem Brei fügt
man nun den Sauerteigansatz hinzu, rührt nochmals kräftig
um, bis sich scharfkantige Zugbläschen ergeben (☞ Abb. 2),
und deckt die Schüssel mit dem Geschirrtuch ab (☞ Abb. 3).
So lässt man die Mischung für etwa 5 Stunden ruhen. Je nach
Raumtemperatur kann der Ansatz auch bereits nach 4 Stunden
fertig sein. Das erkennt man daran, dass sich die Teigschüssel
auf 2,5 Liter gefüllt hat.

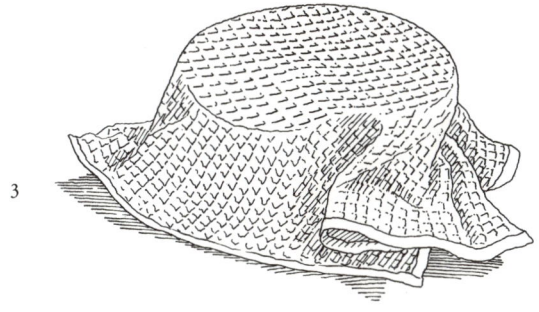

3

⊙ Aus der Mitte des aufgegangenen Teigbreies nimmt man nun 4 Esslöffel Sauerteig ab, füllt sie in das vorbereitete und saubere Glas ab und stellt dieses für das nächste Brot in den Kühlschrank. Wichtig ist es, den Deckel nur leicht zu verschließen, sodass sich kein Gärdruck bilden kann, der das Glas sprengen könnte. Dies ist auch der Grund, weshalb man ein großes Glas verwenden sollte, damit der Sauerteig beim langsamen Weiterreifen im Kühlschrank nicht übergeht!

⊙ Zu dem in der Teigschüssel verbliebenen »gewachsenen« Teig fügt man jetzt das frisch gemahlene Dinkelvollkornmehl, das Salz, den Koriander (und/oder die Sonnenblumenkerne) und (wenn vorhanden) die Brösel hinzu bzw. (statt Bröseln) 2 gut

4

gehäufte Esslöffel Dinkelmehl 1050 und vermengt alles gut miteinander. Die Konsistenz wird deutlich zäher, trockener und fester (☞ Abb. 4). Dieses Gemenge lässt man nun, gut verrührt, für weitere 4 Stunden abgedeckt ruhen. Jedenfalls so lange, bis die Teigschüssel wieder bis etwa zur Markierung von 2,5 Litern gefüllt ist.

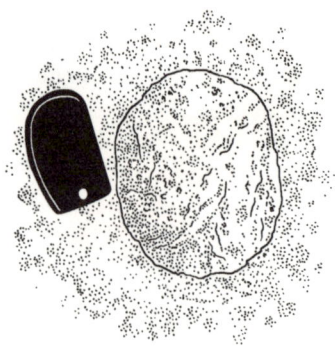

◉ Auf der Arbeitsfläche verteilt man nun die 7–12 gut gehäuften Esslöffel Dinkelmehl 1050 und stürzt den Teig, unter Zuhilfenahme der Teigkarte, aus der Schüssel auf das Mehl, schlägt ihn mit der Teigkarte rundherum von unten her mit dem Dinkelmehl ein und verknetet ihn so lange unter langsamer Beimengung des Mehles mit der Hand, bis er nicht mehr haften bleibt. Es kann sein, dass Mehl übrigbleibt oder dass man (eher unwahrscheinlich) noch etwas hinzufügen muss.

⊙ Man formt den Teig anschließend zu einer noch leicht weichen und sich selbstständig ausbreitenden Kugel, der Teigschluss kommt dabei unten zu liegen. Die Kugel bemehlt man rundherum mit übriggebliebenem Mehl und legt sie in das Gärkörbchen, welches man mit dem Tuch abdeckt. Jetzt lässt man den Teig nochmals für 2–3 Stunden ruhen. Jedenfalls so lange, bis das Gärkörbchen beinahe bis zum Rand gefüllt ist (☞ Abb. 5). Das kann auch schon früher der Fall sein – je nach Raumtemperatur, Aktivität des Teiges etc.

5

⊙ Nach etwa 2 Stunden prüft man erstmals mit der Druckprobe den Reifezustand des Teiges. Dazu drückt man den Teig im Gärkörbchen an einer Stelle vorsichtig und nur leicht ein. Füllt sich die Delle sofort wieder, ist der Teig noch sehr gärfreudig und man kann ihn noch eine Viertelstunde weiter ruhen lassen. Füllt sich die Delle langsam, gehört der Teig in den Ofen. Füllt sich die Delle nicht mehr, ist er schon überreif und hat entweder zu warm oder unter »zu guten« Bedingungen geruht. Auch in diesem Fall gehört er sofort in den Ofen, es kann allerdings sein, dass das Brot nicht mehr weiter aufgeht und etwas speckig wird. Das nächste Mal dann einfach früher die Druckprobe ausführen.

○ Während der Teig noch die letzte halbe Stunde im Gärkörbchen ruht, heizt man das Backrohr vor. Am besten lässt man es nach dem Erreichen der gewünschten 250 °C (wenn der Ofen höher als 250 °C heizt, die jeweilige Höchsttemperatur einstellen) noch 5 Minuten durchwärmen. Keine Flüssigkeit einsprühen und keine Umluft verwenden – nur Ober- und Unterhitze.

○ Bevor man den im Gärkörbchen befindlichen Teig auf das Backblech stürzt, mehlt man die Oberseite nochmals leicht ein (Dinkelmehl 1050). Es kann sein, dass sich auf der Oberseite des Laibes im Gärkörbchen beim Gären Risse gebildet haben, diese überdeckt man ebenfalls mit Mehl.

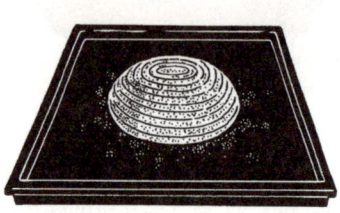

○ Nun stürzt man den Laib vorsichtig (Backblech dabei idealerweise 45 Grad geneigt halten) in die Mitte des kalten Bleches und schneidet sofort (sonst geht der Teig noch ungebacken zu sehr auseinander) mit der Rasierklinge nur leicht ein Kreuz oder einen Stern auf die jetzige Oberseite.

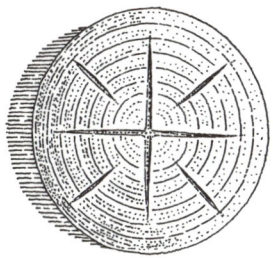

- Danach schiebt man den Laib auf dem Blech <u>sofort</u> auf mittlere Schiene in den Ofen, öffnet nicht mehr und stellt die Temperatur auf 200 °C zurück.

- Nach 1 Stunde Backzeit ist das Brot fertig.

- Man nimmt das Blech mit dem Brot aus dem Ofen und bugsiert den heißen (!) Laib auf schnellstem Weg in den bereitgestellten Römertopf. Den Deckel schließt man und öffnet ihn erst nach weiteren zumindest 9, besser 12 Stunden Nachreifezeit wieder (noch später ist auch kein Problem).

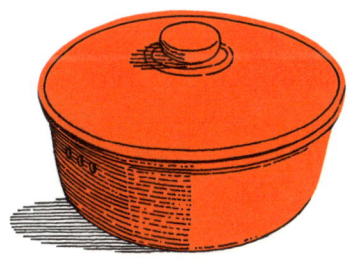

Wer gerne andere Gewürze oder Körner beimengen möchte, kann dies bei jenem Schritt tun, bei dem der Koriander beigegeben wird.

Ich wünsche Geduld (auch wenn das erste Brot noch nicht ganz den Vorstellungen entsprechen sollte), gutes Gelingen und guten Appetit!

◉

»Gewohnheitstier« Sauerteig

W enn Sie jetzt Gefallen und Freude am Brotbacken gefunden haben, möchte ich Ihnen ein paar vertiefende
Informationen zu diesem Thema zukommen lassen.

Für einen Sauerteig braucht man Bakterien. Erst dann ist es
ein Sauerteig und erst dann kann er uns als Triebmittel beim
Aufgehen des Brotes helfen.

Woher aber kommen diese Bakterien? Aus der Luft, aus dem
Mehl, aus dem Wasser oder gar von Bäckers Händen?

Es gibt Sauerteige, die über Jahrhunderte in Bäckersfamilien
von Generation zu Generation weitergegeben und wie der eigene Augapfel gehütet werden. Sauerteig muss man also am
Leben halten und demzufolge ständig »füttern« – mithilfe von
nichts anderem als Mehl und Wasser. Im Glas frisch abgefüllt,
hält er sich im Kühlschrank etwa eine gute Woche oder zehn
Tage, danach wird er deutlich schwächer und »verhungert«.
Gibt man nun wieder Wasser und Mehl hinzu, lebt er eine
weitere gute Woche weiter. Wie im Rezept beschrieben, hal-
te ich es immer so, dass ich den gesamten Sauerteig in den
neuen Teigansatz gebe und mir dann aus dem verjüngten
und neu gereiften Sauerteig wieder vier Löffel in ein Glas abfülle,
für das nächste Brot in einer Woche.

Brot essen ist keine Kunst, aber Brot backen.

◉

Sauerteig kann man auch über mehrere Monate einfrieren, man muss ihn dann aber nach dem Auftauen ein bisschen verwöhnen und ihm seine Aktivität und seine eigentliche Aufgabe – das »Gehen« – erst wieder angewöhnen. Man kann ihn auch trocknen lassen und so über mehrere Monate erhalten. Nach dem neuerlichen Vermengen mit Wasser benötigt er – wie aufgetauter Sauerteig – einige Zeit und Geduld, bis er wieder seine volle Kraft entfaltet. (Das kann aber auch schiefgehen!)

Sauerteig ist also ein »Gewohnheitstier«, das sich gerne an Regelmäßigkeit hält und so seine Aufgabe erfüllen und seine Kraft voll entfalten kann. Ist er in seiner gewohnten Umgebung und mit seiner gewohnten Aufgabe, mit seinen gewohnten Temperaturen und Zutaten in rechter Weise verbunden, beginnt er förmlich über sich hinauszuwachsen. Dies ist auch der Grund dafür, dass sich die Zeit, die der Teig zum Gehen benötigt, unter Umständen verkürzen kann. Ist der Sauerteig in voller Fahrt, dauert das Gehenlassen nicht mehr so lange. Genau deshalb ist es vonnöten, den Prozess des Gärens genau zu beobachten und zu begleiten. Doch ganz ehrlich: Bei mir ist es zu derart langen Aufbewahrungsprozessen – mit Trocknen oder Einfrieren – noch nie gekommen, da ich jede Woche Sauerteig benötige.

Durch Milchsäurebakterien und Hefen wird der Sauerteig in Gärung gebracht und gehalten. Beim Reifen und dann beim Backen werden die Getreidemoleküle in Zuckermoleküle verwandelt. Sie bilden das »Futter« des Teiges und ermöglichen den Gärungsprozess. Währenddessen wird Kohlendioxid produziert, was dazu führt, dass das Brot aufgeht.

Sauerteig kann man kaufen oder selber entstehen lassen, ihn züchten. Welche Art von Sauerteig dabei herauskommt, ist ungewiss. Manchmal kommen leider unbrauchbare Kulturen hervor, die man verwerfen muss.

Eine Nacht alt Brot gibt neue Stärke.

◉

Ob ein selbst angesetzter Sauerteig gelungen ist oder nicht, erkennt man an seinem Aussehen und an seinem Geruch. Auch dafür bedarf es einiger Übung und Geduld.

Ein richtig gelungener Sauerteig hat die Farbe von angefeuchtetem Roggenmehl und weist Blasen auf sowie einen leicht säuerlichen, aber nicht unangenehm stechenden Geruch. Die vorwiegend in der Luft natürlich enthaltenen Hefe- und Milchsäurebakterien führen dabei zum Gärungsprozess.

Wenn man Sauerteig selbst ansetzt, reift er innerhalb von fünf Tagen, wobei die spontane Säuerung die treibende Kraft darstellt. Was gilt es im Zuge dieses Prozesses zu beachten? Zuallererst möchte ich Ihnen ans Herz legen, sehr genau auf die Sauberkeit der benutzten Werkzeuge zu achten. Diese sollten nicht aus Metall sein, zumal Metalle, ganz besonders Edelmetalle, antibakterielle Eigenschaften aufweisen, welche die Entstehung der Milchsäurebakterien beeinträchtigen könnten.

Von ebenfalls nicht zu unterschätzender und entscheidender Bedeutung ist die Temperatur der Umgebung. Für die Ruhephasen ist eine konstante Temperatur von ca. 30 °C bis 35 °C optimal, 40 °C dürfen in keinem Fall überschritten werden, ab da beginnen sich Proteine zu zerlegen, und bei 46 °C haben sich auch die robustesten verabschiedet.

Wo ist nun ein passender Ruheort für den Teigansatz? Meiner Erfahrung nach erzielt man im Winter gute Ergebnisse, wenn die Teigschüssel an einem möglichst zugfreien Ort in der Nähe der Heizung platziert wird. Natürlich kann man den Gärungsprozess auch im Backofen in Gang setzen. Mit Ober- und Unterhitze lässt sich die optimale Temperatur finden, wobei beim ersten Mal die Temperaturmessung per Thermometer ratsam wäre. Nachteil dieser Methode ist allerdings der deutlich höhere Energieverbrauch.

Spar dein Brot, so hast du in der Not.

◉

Unabhängig davon, welche Methode Sie wählen, sollte der Teig nach einiger Zeit sichtbar heftig zu gären und zu blubbern beginnen. Wenn dies der Fall ist, können Sie davon ausgehen, dass sich die Kulturen im Teig wohlfühlen und der Gärungsprozess begonnen hat.

Manchmal ist die Gärung so in Fahrt, dass Spritzer entstehen können. Um dem vorzubeugen, decken Sie den Teigansatz mit einem Küchen- oder Gärtuch ab. Sie können auch einen Deckel leicht auf das Gärglas legen, was außerdem den Vorteil mit sich bringt, dass unpassende Bakterien oder Keime keine Chance bekommen, den Gärprozess zu beeinträchtigen. Außerdem wird auf diese Weise auch der Kontakt mit Fruchtfliegen vermieden, die es bekanntlich magisch zu gärenden Lebensmitteln zieht.

Lassen Sie sich nicht davon irritieren, falls es an der Oberfläche des Teigansatzes zu einer dünnen Haut- oder Krustenbildung kommt. Sie können diese einfach entfernen oder unterrühren.

Da der Teigansatz für jeden Bäcker ein kostbares Gut ist, sollten Sie darauf achten, dass nichts davon am Innenrand der Schüssel oder des Glases kleben bleibt und eintrocknet. Sollten Sie solche Teigreste entdecken, einfach mit einem Teigschaber oder Löffel unter den Teigansatz mischen.

Brot in der Tasche ist besser als eine Feder am Hut.

◉

Zutaten

⊙ 350 g Mehl – zum Beispiel Roggen oder Weizen (1150 oder 1050), je nachdem, welche Brotsorte Sie herstellen möchten
350 ml gut handwarmes Wasser

Zubereitung

Als Erstes geben Sie 100 g Mehl in eine große Schüssel und verrühren es mit 100 ml lauwarmem Wasser. Gut durchrühren oder durchschlagen. Danach lassen Sie den Teigansatz, wie auf den vorigen Seiten beschrieben, an einem geeigneten Ort bei optimaler Temperatur abgedeckt 12 Stunden ruhen. Dann rühren Sie nochmals um und lassen ihn weitere 12 Stunden ruhen.

Am nächsten Tag fügen Sie 50 g Mehl und 50 ml lauwarmes Wasser hinzu, schlagen den Teigansatz abermals durch und stellen ihn abgedeckt zurück an den gewählten (Lieblings-) Ort, wo er weitere 24 Stunden ruhen sollte. Nun werden Sie im Laufe des Tages – je nach Temperatur – beobachten können, wie langsam die Verhefung einsetzt.

Sie werden feststellen, dass der Teig zunächst intensiv säuerlich und nach Hefe riecht. Dieser saure Geruch schwächt sich in der Regel nach einigen Tagen etwas ab. Sollte dies nicht der Fall sein: keine Sorge, das kann noch kommen. Gut Ding will Weile haben.

Am dritten Tag fügen Sie 100 g Mehl und 100 ml lauwarmes Wasser hinzu und lassen den Teig weitere 12 Stunden ruhen. Danach durchschlagen und weitere 12 Stunden Teigruhe halten.

Nun werden Sie feststellen, dass sich der Geruch im Vergleich zum Beginn des Gärungsprozesses verändert hat. Der Teigansatz riecht jetzt eher nach Hefe und saurer Milch.

Am vierten Tag fügen Sie abermals 100 g Mehl und 100 ml Wasser hinzu und schlagen den Teigansatz durch. Danach

Kein Mahl taugt ohne Brot.

◉

lassen Sie ihn nochmals 24 Stunden ruhen. Nun ist es geschafft, Sie haben ein fertiges Anstellgut und der Teig kann ganz nach Ihren Vorstellungen verbacken werden!

Tipp

Wenn Sie Vollkornmehl verwenden, kann es meiner Erfahrung nach erforderlich sein, etwas mehr Wasser beizumengen. Das hängt ganz von der Beschaffenheit des Mehles ab. Was die Konsistenz des Sauerteigs betrifft, sollte diese im Rahmen des gesamten Gärungsprozesses pfannkuchen- oder waffelteig-artig sein. Mit anderen Worten: Immer so viel Wasser hinzufügen, dass die Konsistenz des Teiges stimmt.

Grundsätzlich kann man mit verschiedenen Mehlen experimentieren. Am besten eignet sich meiner Meinung nach für die Herstellung von Sauerteig aber immer noch Roggenmehl.

◉

Eine Brotsuppe

Wie variantenreich Brot unseren Speiseplan bereichern kann, zeigt ein sehr einfaches Rezept für Brotsuppe, das ich schon als kleines Kind durch meine Großeltern mütterlicherseits kennenlernen durfte.

Zutaten für 1 Portion
- Altes, klein geschnittenes Brot (eine Handvoll)
- 250 ml Milch, leicht erwärmt, jedoch nicht aufgekocht
- Etwas Salz
- Etwas gemahlener oder ganzer Kümmel

Zubereitung
Das Brot in einen Suppenteller geben, mit der warmen Milch übergießen und mit Salz und Kümmel abschmecken. Die Milch vor dem Servieren etwas in das harte Brot einziehen lassen.

Gesalzene Milch schmeckt vielleicht vorerst ungewohnt, man kann sie jedoch durchaus schätzen lernen und sich an diesen Geschmack gewöhnen!

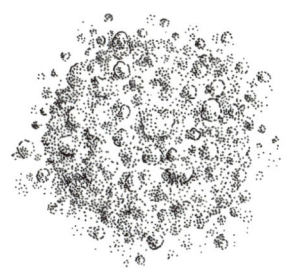

Warum gelingt es nicht …?

1. Der erste Ansatz (erster Backschritt) des Brotteigs bekommt in der vorgegebenen Zeit keine Bläschen.
- Der Sauerteig ist »tot«.
- Der Zubereitungsraum ist zu kalt.
- Das beigegebene Wasser war zu kalt.
- Die Schüssel oder das Verarbeitungswerkzeug waren nicht sauber.

2. Das Brot ist nach dem Backen nicht richtig durch.
- Die Backzeit ist unter einer Stunde.
- Die Temperatur stimmt nicht.
- Ober- und Unterhitze weichen voneinander ab.
- Der Ofen war nicht vorgeheizt.
- Das Gärkörbchen hat eine andere Form (etwa Kasten oder Zylinder).

3. Das Brot ist zu trocken.
- Das Backrohr ist zu groß.
- Das Backrohr war nicht geschlossen.
- Es wurde nicht gleich nach dem Backen mit einer Schüssel auf dem Blech abgedeckt.

4. Der Teig rinnt nach der Positionierung auf dem Backblech auseinander.

- Beim Kneten wurde zu wenig Mehl untergearbeitet.
- Der Teig war zu lange im Gärkörbchen.
- Der erste Ansatz war zu lange.
- Der zweite Ansatz war zu lange.
- Das Ruhen im Gärkörbchen war zu lange.

5. Das Brot schmeckt sehr sauer.

- Der erste Ansatz wurde zu lange stehen gelassen.
- Der zweite Ansatz wurde zu lange stehen gelassen.
- Der Teig war zu lange im Gärkörbchen.

6. Die Rinde reißt am Boden auf.

- Der Teig wurde zu kurz oder zu sanft geknetet.
- Das Brot wurde untergärig (zu früh) eingeschossen.

7. Das Brot klebt am Backblech fest.

- Zu wenig Mehl zwischen Blech und Teig.
- Der zu backende Brotlaib war zu feucht (weich).

8. Das Brot wird zu flach.

- Der zu backende Brotlaib kam zu weich aus dem Gärkörbchen.
- Das Herausstülpen vom Gärkörbchen auf das Blech geschah nicht sanft genug.

9. Das Brot wird außen zu schwarz.

- Es war mehr Oberhitze als Unterhitze.
- Das Brot war zu lange im Ofen.
- Die Temperatur ist zu hoch.
- Das Brot hat oben zu wenig Abstand zur Backrohrdecke.

10. Das Brot geht beim Backen nicht auf.
- Übergärig (zu spät) eingeschossen.

11. Die obere Rinde reißt auf.
- Die Schnitte mit dem Messer waren nicht lang genug.
- Die Schnitte waren zu tief.
- Das Brot wurde untergärig (zu früh) eingeschossen.

Worte danach

Ich bin kein Bäcker und maße mir auch nicht an, das beste Brotrezept erarbeitet zu haben. Es gibt so viele verschiedene! Sicherlich könnte man über Brote und Bräuche, ihre Entstehung und unterschiedliche Machart auf unserer Welt noch vieles mehr berichten. Vollständig kann ein derartiges Buch jedenfalls niemals sein.

Wenn es jedoch Anreiz zum Nachdenken und Nachbacken gegeben hat, wenn es Freude und Achtsamkeit vermittelt hat und von Zeit zu Zeit zur Hand genommen würde, dann ist mein Wunsch, der mit diesem Buch einherging, erfüllt.

In diesem Sinne
Gut Brot!

◉

PETER DANIELL PORSCHE   geboren 1973 in Stuttgart. Lebt seit 1975 in Salzburg. Der Unternehmer hält über die PDP Holding diverse Firmenbeteiligungen und ist unter anderem in verschiedenen Aufsichtsratsgremien, Beiräten und Stiftungsvorständen vertreten. Überdies setzt er sich für gesamtgesellschaftlich relevante Unterstützungen sowie verschiedene Hilfsprojekte ein. Schon sehr früh hat er seine Liebe zur Musik, zum Ballonfahren und zum Verfassen von Gedichten entdeckt und sammelt seine Gedanken bei Langstreckenfahrten mit dem Liegerad. Er ist Autor und Herausgeber zahlreicher Bücher.